Les dents du castor n'arrêtent jamais
de pousser.

Mon premier est un fromage français à pâte molle.

Mon second tient les doigts au chaud.

Mon tout est un voyou.

Le biscuit chinois n'a pas été inventé
en Chine, mais plutôt en Californie
et son inventeur serait d'origine
japonaise. Ce biscuit est
essentiellement servi dans les
restaurants chinois d'Amérique.

5

Mon premier est l'endroit où
le navire accoste.

Mon second représente une partie
sur trois.

Mon tout est une pièce
d'automobile.

   - Maman, à l'école on m'a dit
que j'avais une grande bouche...
c'est vrai maman? demande
tristement Virginie.

   - Tu sais très bien que c'est
faux, répond la maman. Oublie
tes soucis, prends ta pelle et
mange ta soupe...

À Victoriaville, au Québec, un concours de sculpture de fromage a lieu chaque année. Les participants ont quelques heures pour transformer un bloc de cheddar de 20 kg en œuvre d'art comestible.

Mon premier est le cinquième mois de l'année.

Au magasin, mon second est indiqué sur l'étiquette.

Mon tout est un sentiment contraire à l'amour.

Deux maringouins adolescents se préparent à assister à un spectacle. Au moment de s'en aller, leur maman les prévient :

- Les gars, n'oubliez pas de partir avant que la foule se mette à applaudir!

CLOÉ
BLAINVILLE (QUÉBEC)

Fractions de pommes...
L'enseignant demande à Sophie :

- Si tu achètes 10 pommes pour 1 cent, quelle est la valeur de chacune des pommes?

- Elles n'ont aucune valeur! À ce prix-là, je suis certaine qu'elles sont pourries!

MARIA
PINCOURT (QUÉBEC)

11

Maxime se promène en ville avec sa grand-mère. Il aperçoit un billet de 10 $ sur le trottoir. Lorsqu'il se penche pour le prendre, sa grand-mère intervient :

- Ce qui est par terre reste par terre, dit-elle.

Un peu plus tard, il trouve un billet de 20 $. Il aimerait bien le ramasser, mais sa grand-mère lui répète :

- Ce qui est par terre reste par terre!

Quelques minutes plus tard, la grand-mère fait un faux pas et tombe... Elle demande gentiment :

- Maxime, tu veux m'aider à me relever?

- Ce qui est par terre reste par terre, lance Maxime.

OCÉANE ET OPHÉLIA
PINCOURT (QUÉBEC)

13

Le 11 juin, c'est la Journée mondiale du tricot.

Dans plusieurs pays du monde, le premier dimanche de mai, on célèbre la Journée mondiale du rire.

15

Il est 3 heures du matin et une tempête fait rage. Une femme est réveillée par un cri provenant de l'extérieur.

- S'il vous plaît, venez me pousser!

Lorsqu'elle entend de nouveau la voix, elle réveille son mari.

- Chéri, entends-tu crier ce pauvre homme? Sa voiture est sûrement coincée dans la neige… Tu dois aller l'aider!

Son mari s'habille rapidement et se précipite dehors, bravant la tempête.

- Où êtes-vous? crie-t-il dans la nuit.

- Par ici! répond l'homme, sur la balançoire!

IVAN
MONTRÉAL (QUÉBEC)

- Mon père peut retenir quatre voitures et autant de camions! annonce fièrement André.

- Dis donc, il est fort ton père! Est-il champion du monde d'haltérophilie ou quoi?

- Non, il est policier...

● ●

Mon premier sert d'appât.

Mon second est une grande soirée de danse.

Mon tout concerne la langue parlée.

Une poule entre dans la cuisine à l'insu des fermiers qui s'apprêtent à souper. Au milieu de la table, elle aperçoit un coq au vin. Elle s'exclame :

- Je lui avais pourtant dit que l'alcool allait finir par le tuer!

• •

- Dis-moi, maman, les citrons ont-ils des pattes?

- Tu sais très bien que seuls les animaux ont des pattes.

- Alors, c'est probablement un poussin que j'ai écrasé avec ma trottinette…

VRAI OU FOU?

1- Un strapontin fait partie du cordage d'un bateau. Il s'agit d'une corde à nœuds qui permet de grimper en haut du mât.

2- Une touillette est le nom d'un chiffon qui sert à nettoyer la toilette.

3- Un défouloir est un lieu où l'on se défoule.

- Tout le monde rit de moi à l'école. On m'appelle << grands-pieds...>> Est-ce que c'est vrai que j'ai de grands pieds, maman?

- Mais non, mon chéri, c'est complètement faux. Oublie toutes ces sottises et dépêche-toi de sortir tes chaussures du garage pour que ton père puisse garer la voiture...

- Je commence à penser que c'est vrai... La télévision engendre la violence, dit Julien à son ami.

- Pas toujours... Ça dépend des émissions tout de même, répond ce dernier.

- Non, pas vraiment... chaque fois que j'allume la télé, mon père me crie après.

• •

Au restaurant, un homme boit une gorgée de café et se met en colère :

- Ce café est d'hier. Apportez-moi un café fait aujourd'hui! lance-t-il au serveur.

- Effectivement, ce café est d'hier. Si vous voulez un café fait aujourd'hui, revenez demain.

Une coquerelle peut continuer à vivre
plus d'une semaine sans sa tête...
Après, elle meurt de faim.

Mon premier est le contraire de froid.
Mon second est un conifère.
Mon tout est un compositeur célèbre.

Un guitariste du Texas a battu le record du monde du plus long solo de guitare. Il a joué pendant près de 25 heures!

Pour fabriquer du rouge à lèvres, on utilise notamment des écailles de poisson pour leur brillance. Quant à la couleur rouge, elle s'obtient grâce à la cochenille, un insecte. Une fois séchée et réduite en poudre, la cochenille sert de colorant... naturel!

Mon premier est une céréale
d'Asie.

Mon deuxième est le verbe aller
conjugué à la troisième personne de
l'indicatif présent.

Mon troisième te permet de dormir
confortablement.

Mon quatrième est la consonne qui
se trouve entre les lettres S et V.

Mon tout est le contraire de la
coopération.

Un écrivain raconte :

- J'écris moins qu'avant, mais je sais qu'on me lit avec intérêt. C'est le plus important…

- Vous écrivez toujours des romans?

- Non. Je rédige des menus de grands restaurants.

● ●

Un homme rencontre un vieil ami dans la rue :

- Où vas-tu avec ce baril sur l'épaule?

- Je vais chez le médecin. Il m'a dit : « Revenez me voir dans un mois avec vos urines. »

- Tu es différent des autres élèves de la classe, explique l'enseignante de 3e année à Émile.

- Merci madame, répond fièrement Émile. Ma mère me dit toujours qu'il est important de toujours rester soi-même!

- J'essaie de te dire que toute la classe sera en 4e année l'an prochain, sauf toi. Tu restes en 3e…

En Australie, un employé d'une
compagnie aérienne a eu la surprise de
sa vie lorsqu'il a ouvert la soute à
bagages d'un avion. Un crocodile était
sorti de sa cage et se promenait
librement parmi les bagages...

C'est le règlement! À New York, il est interdit de saluer quelqu'un comme ça!

COMMENT S'APPELLE L'HOMME LE PLUS
PARESSEUX AU MONDE?

RÉPONSE : IDOR SADJOB

COMMENT S'APPELLE LE PLUS VIEIL
HOMME AU MONDE?

RÉPONSE : ITOFF MEIACHEV.

COMMENT S'APPELLE LA FEMME LA PLUS
DRÔLE AU MONDE?

RÉPONSE : ARI DEBONCŒUR

COMMENT S'APPELLE L'HOMME LE PLUS
DRÔLE AU MONDE?

RÉPONSE : ISTOR DERRIR

Le président d'une entreprise se confie à un employé :

- Je dois congédier mon chauffeur. Il conduit si mal… Il m'a presque tué aujourd'hui!

- Vraiment! Je crois que vous devriez lui donner une seconde chance…

• •

Mon premier est un mouvement que fait le cheval avec ses pattes arrière.

Mon second sert à couper le bois.

Mon tout est un pays.

34

Mon premier se trouve par milliers dans le dictionnaire.

Mon deuxième ne porte aucun vêtements.

Mon troisième ne dit pas la vérité.

Mon tout permet de se souvenir.

COMMENT S'APPELLE L'HOMME LE PLUS
PROPRE AU MONDE?

RÉPONSE : ISLAVAL ODJAVEL

COMMENT S'APPELLE LE MEILLEUR
VENDEUR DE VOITURES AU MONDE?

RÉPONSE : YVAN TOUSKIROUL

Un homme vend son chien à une femme.

- À ce prix, monsieur, j'espère que ce chien est bon et loyal envers son maître, dit la femme.

- Vous pouvez en être certaine, madame. Ça fait cinq fois que je le vends et il revient toujours chez moi!

• •

Comment une personne peut-elle dire 25 bêtises en une seule journée?

Réponse : Elle se lève de bonne heure…

Mon premier est un homme qui a des enfants.

Mon deuxième est le contraire de mou.

Mon troisième est la note de musique après do.

Mon tout signifie continuer.

Chaque année, le 13 novembre, c'est la Journée mondiale de la gentillesse.

MÉLISSA, GREEN VALLEY (ONTARIO)

Un homme est engagé pour peindre la ligne jaune au milieu d'une route de campagne. Au bout de trois jours, le patron va le voir :

- Le premier jour, tu as peint la ligne sur une distance de 2 km. Le deuxième jour, tu as fait un kilomètre et aujourd'hui, tu n'as fait que 200 mètres! Que se passe-t-il?

- Je fais de mon mieux, patron, mais plus j'avance, plus le pot de peinture est loin...

QUEL AUTRE NOM DONNE-T-ON AU PÈRE NOËL?

RÉPONSE : IMEN LAPARAD

COMMENT S'APPELLE LA PLUS VIEILLE FEMME AU MONDE?

RÉPONCE : SARAH TATINE.

COMMENT S'APPELLE LA FEMME LA PLUS TRISTE AU MONDE?

RÉPONSE : KARINA RIPU

COMMENT S'APPELLE LA FEMME LA PLUS RAPIDE AU MONDE?

RÉPONSE : ELLA GAGNÉ

Poisson ou serpent? Originaire d'Asie, le poisson à tête de serpent est une espèce envahissante. Des vendeurs de poissons d'aquarium seraient responsables de son introduction chez nous. Quel casse-tête! Cet animal mange de tout et il survit à pratiquement tout! S'il reste humide, il peut même survivre hors de l'eau...

45

Une vache canadienne aurait établi un nouveau record du monde de production de lait. Elle aurait fourni près de 217 tonnes de lait en 15 ans!

Un éléphant et une souris s'apprêtent à traverser un lac gelé.

— Mon ami, dit la souris, je vais te faire une faveur. Je vais passer en premier pour voir si la glace est solide...

La pluie est-elle triste? Une goutte
de pluie n'a pas du tout la forme d'une
larme. Elle est d'abord ronde, mais
en tombant du ciel, elle prend
la forme d'un pain à hamburger.
Elle reste bombée sur le dessus,
et non pointue comme une larme,
et devient plate en dessous.

Deux hommes se trouvent de chaque côté d'une rivière. L'un crie à l'autre :

- Hé! Comment as-tu fait pour te rendre de l'autre côté?

- ... Mais tu es déjà de l'autre côté!

Mon premier est doux ou salé.

Mon deuxième est un préfixe qui signifie trois.

Mon troisième appartient au règne canin.

Mon tout est l'habitant d'un pays d'Europe.

Quand vous allez à la plage, vous marchez sur des millions de minuscules créatures qui vivent entre les grains de sable. On appelle l'ensemble de ces petites créatures la méiofaune.

En pleine nuit, une passante aperçoit un homme à genoux sous un lampadaire. Elle lui demande :

- Vous avez perdu quelque chose? Je peux vous aider?

- Oui, j'ai perdu ma montre.

- Et où l'avez-vous perdue exactement?

L'homme s'arrête, indique un emplacement situé de l'autre côté de la rue et dit :

- Là-bas, de l'autre côté de la rue.

- Mais alors... Pourquoi cherchez-vous de ce côté? s'étonne la femme.

- De ce côté-ci, au moins, c'est éclairé!

Yvon rencontre son psychiatre dans la rue.

- Je suis heureux de voir que vous allez mieux! lance le spécialiste avec enthousiasme.

- En effet, je vais beaucoup mieux... La dernière fois que je vous ai vu, j'étais si angoissé que je n'arrivais même plus à répondre au téléphone! Maintenant, je réponds... même quand il ne sonne pas!

POURQUOI DOIT-ON REGARDER À GAUCHE, PUIS À DROITE AVANT DE TRAVERSER LA RUE?

RÉPONSE : PARCE QU'IL EST IMPOSSIBLE DE REGARDER DES DEUX CÔTÉS EN MÊME TEMPS.

DANS LA PHRASE : « UN CAMBRIOLEUR A VOLÉ LES BIJOUX », OÙ EST LE SUJET?

RÉPONSE : EN PRISON.

On obtient mon premier en
mélangeant du rouge et du blanc.

Mon second est la 4e voyelle
de l'alphabet.

Mon tout est une plante aquatique.

• •

Mon premier a cinq orteils.

Mon second équivaut à 1 000 kg.

Mon tout est une rue sans voitures.

En Australie, un pilote d'avion-cargo a dû faire un atterrissage d'urgence. Il y avait un passager clandestin dans la cabine de pilotage... Un serpent s'était installé sur le tableau de bord!

56

Une entreprise anglaise a fabriqué
du chocolat qui ne fond pas,
une invention qui pourrait lui
permettre de distribuer ses
produits partout sur la planète,
même sous un soleil ardent.

57

Mon premier est un métal
précieux.

Mon deuxième est ce que tu fais
au repas du midi.

On met mon troisième dans
les pneus.

Mon tout n'est ni bon ni mauvais.

Une société française a créé une raquette de tennis intelligente qui fournit de l'information au joueur. Elle peut le renseigner sur la façon dont il frappe la balle, par exemple.

Le lendemain d'un test de mathématiques, l'enseignante de la petite Pascale est découragée…

- Pascale, si j'avais pu, je crois que je t'aurais mis la note F. Comprends-tu ce que ça veut dire?

- Bien sûr, madame. F pour félicitations!

QUE DIT LE DENTISTE À UN ENFANT QUI NE SE BROSSE PAS LES DENTS?

RÉPONSE : SI TU NE TE BROSSES PAS LES DENTS, TU LES PERDRAS, ET APRÈS, TU T'EN MORDRAS LES DOIGTS! EUH… PEUT-ÊTRE PAS…

Une femme demande à son mari :

- Qu'est-ce que tu fais demain?

- Moi, dit-il, rien du tout.

- Rien! Mais c'est ce que tu fais aujourd'hui! réplique sa femme.

- Oui, mais je n'ai pas fini...

Les cochons peuvent attraper
des coups de soleil.

Mon premier est la 6ᵉ lettre de l'alphabet.

Mon second est le contraire de faible.

Mon tout est nécessaire pour réussir.

● ●

La naissance marque le début de mon premier.

Mon second est une maladie grave que les animaux sauvages peuvent transmettre.

Mon tout est un changement de direction.

- Mon père est dans le même hôpital depuis une dizaine d'années, explique Sophie à sa nouvelle amie.

- Le pauvre... Il doit être très malade!

- Non, il est médecin...

QUE S'EST-IL PASSÉ LE 1ER JANVIER DE L'AN 1 000?

RÉPONSE : C'ÉTAIT LE JOUR DE L'AN.

Pascale et son papa vont au restaurant. Pascale commande en premier :

- Je voudrais des pâtes super collantes avec beaucoup d'eau au fond de l'assiette. Pourriez-vous mettre de la sauce tomate en conserve et ajouter du fromage orange et blanc avec des taches bleues dessus?

- Mais Pascale, nous sommes au restaurant... C'est vraiment ce que tu veux?

- Je veux seulement voir s'il y a de la cuisine maison...

À Montréal, chaque année, au mois de juin, se tient la Journée internationale de la lenteur.

Un homme arrive au poste de douane avec un tigre sur la banquette arrière de sa voiture. Curieusement, le tigre a une tranche de pain de chaque côté de la tête... Le douanier demande :

- Avez-vous quelque chose à déclarer?

- Non, répond l'homme.

- Vous me mentez! C'est bel et bien un tigre que je vois sur la banquette arrière! C'est illégal, monsieur!

- Dans quel monde vit-on? s'exclame le conducteur. On ne peut même plus mettre ce qu'on veut dans nos sandwiches!

CONNAIS-TU L'HISTOIRE DU LIT VERTICAL?

RÉPONSE : C'EST UNE HISTOIRE À DORMIR DEBOUT!

La maîtresse d'école demande au petit Jean :

- Jean, sais-tu à quel moment on cueille les fraises?

- Avec maman, je les cueille toujours le matin entre 8 h et 8 h 30, quand le voisin part en promenade avec son pitbull.

L'albatros a un système de pilotage
intégré... Il peut voler même
quand il dort!

VRAI OU FOU?

1- Un drageoir est l'endroit dans un château où l'on enfermait les dragons.

2- Un tarbouche est un bonnet rouge cylindrique.

3- Une targette est une fermeture éclair sur le côté d'un pantalon.

Une entreprise japonaise a mis sur le marché des sous-vêtements « sans odeur ». L'effet déodorant vient de particules de céramique intégrées au tissu, qui absorbent l'odeur des gaz puants. Grâce à cette invention révolutionnaire, il est maintenant permis de péter en public… mais sans faire de bruit!

- Tu es encore en retard! crie le patron de Félix.

- Cette fois, ce n'est pas ma faute, patron! Je rêvais à une partie de hockey et il y a eu une période de prolongation...

QUE TROUVE-T-ON AU MILIEU DE CHAQUE LAC?
RÉPONSE : UN A.

AU COIN DE LA RUE, IL Y A UNE MAISON JAUNE.

DE L'AUTRE CÔTÉ DE LA RUE, IL Y A UNE MAISON GRISE.

AU BORD DE LA MER, IL Y A UNE MAISON BLEUE.

AU BORD DE LA RIVIÈRE, IL Y A UNE MAISON VERTE.

À LA CAMPAGNE, IL Y A UNE MAISON ROUGE.

OÙ EST LA MAISON BLANCHE?

RÉPONSE : À WASHINGTON.

Lorsqu'une mouche a fini son repas, elle s'envole et va se poser pour vomir sa nourriture.
On peut parfois voir les petites taches de vomissures collées aux fenêtres.

En Écosse, un sculpteur a fabriqué une chaise de plage gigantesque. Elle mesure 8,5 m de haut sur 5,5 m de large.

Mon premier est la note de musique après la.

Mon deuxième est la 2e lettre de l'alphabet.

Mon troisième est une céréale cultivée principalement en Asie.

Mon tout est une région de la Russie.

Le médecin explique à son
patient :

- Marc-André, je constate que
vous souffrez d'un dédoublement
de personnalité.

- Nous, l'interrompt Marc-
André, jamais de la vie! Viens
André, sortons d'ici...

QUE DIT UN FANTÔME QUAND IL EST
DANS LE PÉTRIN?
RÉPONSE : JE SUIS DANS DE BEAUX
DRAPS!

Mon premier est un déterminant qui signifie qu'une chose est à elle.

Mon deuxième est un pronom personnel à la deuxième personne du pluriel.

Mon troisième est une note de musique.

Mon tout signifie déguster.

Les chats dorment entre 15 et
18 heures par jour.

Mon premier est la consonne entre h et k.

Mon second permet d'ouvrir la porte.

Mon tout signifie éclabousser.

● ●

- Comment as-tu trouvé le temps pendant tes vacances? demande l'enseignante à Frédéric.

- Rien de plus facile. Je suis allé dehors et il était là!

Un adolescent écrit à ses parents de son camp de vacances :

Chère maman, cher papa,
$avez-vou$ de quoi j'ai grandement be$oin? $'il vous plaît, pen$ez à votre fil$ adoré et $oyez généreux.

Voici la réponse de ses parents :

Cher Maxime,
Nous revenons de vacances. Nous avons peu à t'annoncer, sinon qu'il a beaucoup plu ces derniers jours. Le sous-sol a été inondé et nous entreprenons des rénovations.

Manon et Henri (en rit...)

Pour vous garder éveillé, il est,
paraît-il, plus efficace de manger
une pomme que de boire du thé
ou du café. Le sucre naturel
de la pomme fournit de
l'énergie pendant longtemps.
La caféine stimule, mais ne
donne pas d'énergie.

82

Quelle est la différence entre une chaise et un tunnel?

Réponse : Aucune. Le tunnel est souterrain et la chaise est sous tes reins.

. . . .

Une femme va chez l'optométriste.

- Je ne vois plus comme avant. Je n'arrive plus à bien faire mon travail, explique-t-elle.

- Vous êtes au bon endroit, madame, répond l'optométriste. Il vous faut probablement des lunettes.

- Peut-être, mais je doute que vous puissiez régler mon problème de vision avec des lunettes...

- Vous devriez me faire confiance, dit l'optométriste un peu confus.
Que faites-vous dans la vie?

- Je suis voyante...

On peut fabriquer soi-même un
shampoing naturel. Il faut bien
mélanger un œuf avec une cuillère
à café de miel, le jus d'un citron et
une cuillère à café d'huile végétale.
Attention! Si vous lavez vos cheveux
à l'eau très chaude, la mixture
risque de se transformer en omelette!

Quelle différence y a-t-il entre un homme et un chat?

Réponse : Aucune. Les deux ont horreur des aspirateurs.

À QUELLE QUESTION N'ÊTES-VOUS PAS EN MESURE DE RÉPONDRE OUI?

RÉPONSE : DORMEZ-VOUS?

Aux États-Unis, Sophia était le prénom de fille le plus populaire en 2011. Les petites reines Sophia ont mis fin au règne des Isabella qui durait depuis deux ans.

Toujours en 2011, le prénom de garçon le plus populaire aux États-Unis était Jacob. C'est la 13e année de suite que les Jacob ravissent le trône.

Mon premier est la 8e consonne de l'alphabet.

Mon deuxième crache des flammes.

Mon troisième représente une partie de ce qui est divisé en trois.

Mon tout permet de faire une boisson chaude.

Le Brésilien Ryoki Inoue est l'auteur
le plus prolifique au monde. Il a écrit
près de 1 100 romans en tous genres
depuis qu'il a commencé à écrire
en 1986. En moyenne, c'est plus
de 40 livres par année!

Un inconnu rencontre une femme dans un café. Il la trouve fort jolie...

- Madame, voulez-vous sortir avec moi ce soir? J'aimerais vous inviter à souper.

- Sachez, monsieur, que je ne sors jamais avec un parfait inconnu!

- Calmez-vous, madame! Vous m'avez mal compris. Je n'ai jamais dit que j'étais parfait...

Lorsqu'on éternue, il est impossible
de garder les yeux ouverts.

Une hôtesse de l'air demande
à un passager :

- Monsieur, prendrez-vous un
repas?

- Euh... Quels sont les choix?
demande l'homme.

- Oui ou non.

QU'EST-CE QUI EST LE PLUS DUR QUAND
ON APPREND À PATINER?

RÉPONSE : LA GLACE.

La petite Léa explique à sa maman :

- Quand je serai grande, je vais me marier avec le voisin d'à côté.

- Pourquoi avec lui? Il y a bien d'autres garçons…

- Il y en a d'autres, mais je n'ai pas le droit de traverser la rue!

POURQUOI LE MONSTRE A-T-IL MIS DEUX SEMAINES AVANT DE TERMINER SON LIVRE?

RÉPONSE : IL N'AVAIT PAS FAIM.

Saviez-vous qu'à Newark dans l'État
du New Jersey, il est interdit de
vendre des cornets de crème glacée
après 18 h? Heureusement,
les autorités n'appliquent
pas cette loi étrange.

Dans une autre ville du New Jersey,
à Cresskill, les chats doivent porter
trois clochettes pour signaler
leur présence aux oiseaux...

Mon premier est un rongeur.

Mon deuxième est la partie de la vache d'où sort le lait.

Mon troisième est l'endroit où l'oiseau pond ses œufs.

Mon tout est un légume vert.

● ●

Le patron est en colère...

- Tu es toujours en retard! lance-t-il à un de ses employés. Regarde les autres! Sais-tu à quelle heure ils arrivent au travail?

- Euh... Comment voulez-vous que je le sache si je ne suis pas là quand ils arrivent?

Une Canadienne a battu le record mondial des courses de toilettes motorisées. Bien installée sur son trône, elle a atteint la vitesse de 75 km/h!

Dans l'Égypte ancienne, on jouait
aux quilles! Dans la tombe d'un
enfant égyptien, qui daterait
de l'an 3 200 avant notre ère,
on a découvert un jeu composé
de pierres rondes et de quilles
coniques taillées dans la pierre.

Mon premier a six faces numérotées.

Jésus est mort sur celle-ci.

Certains animaux l'ont chaud, d'autres l'ont froid.

Mon tout diminue.

QUEL EST LE COMBLE DE LA MALCHANCE POUR UN ÉLÈVE?

RÉPONSE : C'EST D'ÊTRE MALADE LE JOUR D'UN CONGÉ SCOLAIRE.

Un mouchoir rencontre un autre mouchoir.

- Tu travailles tout le temps! Tu devrais prendre le temps de t'amuser un peu!

- Désolé, je suis trop absorbé...

Une Américaine de la Floride a conduit la même voiture pendant 48 ans! Avec ses 927 000 km au compteur, la voiture fonctionnait toujours bien, mais sa propriétaire, âgée de 93 ans, n'avait plus d'assez bons yeux pour conduire...

IL N'Y A AUCUNE FAUTE DANS TON
DEVOIR, MAIS CE N'EST PAS TON
ÉCRITURE. QUI A FAIT TON DEVOIR?
TON PÈRE OU TA MÈRE?

RÉPONSE : JE NE SAIS PAS, JE
DORMAIS.

En rentrant à la maison après son premier jour d'école, Claudia annonce à sa maman :

- J'ai appris à compter sur mes doigts!

- Il faut me montrer ça!

- Un doigt, un doigt, un doigt, un doigt et un autre doigt...

Fini les bouchons! Un prototype de voiture volante, ou d'avion aux ailes pliables, a été mis à l'essai. L'envolée a duré 8 minutes! L'engin pourrait être commercialisé bientôt!

Marianne dit à Sophie :

- Répète sept fois le mot « pourquoi » le plus vite possible!

- Pourquoi, pourquoi, pourquoi, pourquoi, pourquoi, pourquoi, pourquoi, dit Sophie.

- Tu as perdu! annonce Marianne.

- Pourquoi? J'ai bien fait ce que tu m'as demandé...

- Ah! Tu viens de le dire une huitième fois!

Vos pieds sont l'habitat de millions
de bactéries qui se nourrissent
de votre sueur. L'odeur est déplaisante
pour tout le monde… enfin presque!

Un papa voit sa petite fille de 5 ans bien assise à son bureau en train de gribouiller.

- Qu'est-ce que tu fais? lui demande-t-il.

- J'écris une lettre à mon ami Antoine, explique la fillette.

- Mais tu ne sais pas écrire...

- Ce n'est pas grave. De toute façon, Antoine, lui, ne sait pas encore lire.

Fais-nous rire!

Envoie-nous ta meilleure blague.
Qui sait? Elle pourrait être publiée dans
un prochain numéro des
100 BLAGUES! ET PLUS...

100 Blagues! et plus...
Éditions Scholastic
604, rue King Ouest
Toronto (Ontario)
M5V 1E1

Au plaisir de te lire!

Nous nous réservons le droit de réviser,
de modifier, de publier ou d'utiliser
les blagues à d'autres fins, dont la promotion,
sans autre avis ou compensation.

Solutions

VRAI OU FOU?

Page 19

1- Fou. C'est un siège d'appoint.

2- Fou. C'est une petite spatule qui sert à brasser les boissons chaudes.

3- Vrai.

VRAI OU FOU?

Page 70

1- Fou. C'est un vase ou une coupe servant à mettre des dragées et d'autres sucreries.

2- Vrai.

3- Fou. C'est un petit verrou.